Por que os homens preferem as

DIVAS

Por que os homens preferem as

DIVAS

Miss Piggy fala sobre a Vida, o Amor e as 10.000 Coisas Idiotas que os ~~Homens~~ *sapos* Fazem

por Miss Piggy

Como foi contado para Jim Lewis

LeYa

Título original: **The diva code**

Diretor editorial: Pascoal Soto
Editora: Mariana Rolier
Produtora editorial: Sonnini Ruiz
Assistente editorial: Carolina Rodrigues Proença

Tradução: Magda Lopes
Preparação de texto: Paulo Cesar Veiga
Revisão: Juliana Caldas
Projeto gráfico: Jordana Chaves
Diagramação: Paulo Cesar Veiga
Adaptação de capa: Jordana Chaves

Dados Internacionais de Catalogação na Publicação (CIP)
(Câmara Brasileira do Livro, SP, Brasil)

Miss Piggy
Por que os homens preferem as divas : Miss Piggy fala sobre a vida, o amor e as 10.000 coisas idiotas que os homens sapos fazem / tradução de Magda Lopes. -- São Paulo : Leya, 2011.

ISBN: 978-85-8044-368-4

1. Conduta de vida - Humor 2. Relacionamento homem-mulher - Humor I. Título. II. Título : Miss Piggy fala sobre a vida, o amor e as 10.000 coisas idiotas que os homens sapos fazem.

11-12052 CDD-818.5402

Índices para catálogo sistemático:
1. Humorismo : Literatura norte-americana 818.5402

Texto Editores Ltda.
Uma editora do Grupo LeYa
Rua Desembargador Paulo Passaláqua, 86
01248-010 – Pacaembu – São Paulo - SP
www.leya.com.br

Índice

INTRODUÇÃO

Falando da Diva

C'est Moi!

Eis aqui, finalmente, meu novo livro! (Relaxe, não é mais um livro de crianças celebridades sobre *Flinky, a Elfa Feliz* ou qualquer coisa do gênero.) *Au contraire*, este é um livro dos meus *insights* sobre o amor, homens, sapos, beleza, moda, atitude, riqueza, saúde e ser uma diva. Este é *o* livro para qualquer um que tenha algum dia sonhado em viver mais parecido com *moi*. E, francamente, quem não teve *esse* sonho, *n'est pas?*

No correr dos anos, reuni, me apropriei e colecionei muita sabedoria sobre o que está errado com todas as outras criaturas, e o que está certo com *moi*. Mas, até agora, compartilhar esta sabedoria me pareceu totalmente inútil. Afinal, há anos eu venho dizendo às minhas muitas amigas celebridades como viverem *suas* vidas, mas poucas delas seguiram meus conselhos. (Imagine o que acontece com as pessoas que não escutam *moi?* Basta assistir a um desses programas de entretenimento de culto às celebridades. Num minuto você é uma estrela; no próximo, todas as suas fotos 8x10 estão impressas em carecas.)

Então tive um estalo: Pessoas! Não celebridades, mas pessoas de verdade, do mundo real, que ainda não tiveram seus quinze minutos de fama — como *vous — adorariam* aprender o que eu sei sobre homens, sapos e tudo o mais! E tudo isto poderia ser publicado em um livro magnificamente ilustrado como este que você está segurando agora em suas mãos! Desnecessário dizer que quando meu editor me disse que eles poderiam contratar algum pobre infeliz para digitá-lo todo para mim, o negócio foi fechado e nasceu *Por que os homens preferem as Divas. Miss Piggy fala sobre a Vida, o Amor e as 10.000 Coisas Idiotas que os ~~Homens~~ Sapos Fazem!*

Sei que você está perguntando: isso não é um pouquinho grosseiro? Será que os homens/sapos realmente fazem tantas coisas idiotas? E "idiota" não é um termo degradante? Sim, sim e sim, e isso faz de *10.000 Coisas Idiotas que os ~~Homens~~ Sapos Fazem ... etc.* um subtítulo absolutamente perfeito.

Em primeiro lugar, o título implica uma lista, e todo mundo *adora* códigos e listas! Desde os Dez Mandamentos de Moisés até os Dez Mais de Letterman, as listas sempre foram um enorme sucesso. Elas são vigorosas, engraçadas e deliciosamente feitas de pedacinhos; é como gostar de um livro de chocolates! Hmm, que delícia!

Em segundo lugar, será que os homens/sapos realmente fazem *tantas* coisas idiotas? Oh, *por favor*!

Em terceiro lugar, "idiota" não é um termo degradante? Bem, *pode* ser se alguém entender o termo como significando "estúpido", mas eu não o estou utilizando com essa intenção ... ou pelo menos não *apenas* com essa intenção. Ao dizer "idiota", tentei captar a rica variedade de coisas chatas, ridículas, irrazoáveis, irracionais, imbecis, tolas, imprudentes, desrespeitosas, descuidadas, abusadas, grosseiras, insolentes, irritantes, enlouquecedoras e exasperantes que os homens fazem. É óbvio que nenhuma palavra isolada consegue dizer tudo isto, mas "idiota" foi a primeira que me veio à mente e, por isso, aí vai ela.

Agora, para você não achar que este é um livro de queixas, deixe-me assegurar-lhe que enchi este pequeno volume com toneladas de *insights* enriquecedores. Qualquer um que assista muito aos programas da Oprah e do Dr. Phil — como *moi* — não pode evitar ser empático e inspirador. Como você verá, *Por que os homens preferem as Divas* oferece ótimas ideias sobre o que *vous* pode fazer para superar as idiotices de homens e sapos. E, como um bônus, vai ajudá-la a liberar sua diva interior, para poder obter o que merece e dar aos outros exatamente o que eles merecem!

Sim, querida leitora, este livro é o meu presente para você (não que você não tenha de pagar por ele); é a minha maneira de lhe dizer "obrigada" por me tornar rica e famosa ... e eis como você também pode sê-lo!

Beijos, beijos,

Miss Piggy

Uma Nota Sobre o Tipo de Letra

e Outras Bobagens que Não Cabem em Mais Lugar Nenhum

O texto principal deste livro está apresentado em um tipo de letra que foi designado e nomeado em homenagem a alguém cujo último nome soa como um daqueles bolos pesados que você come em uma Schnitzel Hut, onde todos os garçons usam calções de couro. Desnecessário dizer que é um tipo adorável e estou muito contente com a nossa escolha, mas quem realmente se importa com isso?

Agora, algumas poucas palavras sobre a organização deste livro.

A ordem das coisas idiotas que os ~~homens~~ sapos fazem NÃO pretendeu sugerir que algumas coisas são *mais idiotas* que outras. Acredito que todas as coisas que os ~~homens~~ sapos fazem de errado são igualmente idiotas, mas tínhamos que colocá-las em alguma ordem, portanto, aguente isso, doçura.

Finalmente, como a maioria – mas não, de modo algum, todas – das minhas experiências de relacionamento são com um certo sapo, uso os termos "homens" e "sapos" alternadamente em todo o livro. Basta dizer que acredito que os homens e os sapos estão igualmente errados. Contudo, se você não consegue dizer se está saindo com um homem ou com um sapo, você tem problemas que estão *muito além* do alcance deste livro. Portanto, boa sorte com isso!

Mas acho que por enquanto ele cobre essa questão.

Agora, pode prosseguir na leitura deste bom material.

Divirta-se!

MP

Por que os homens preferem as DIVAS

10.000 Coisas Idiotas que os ~~Homens~~ Sapos Fazem

1. Ele simplesmente não está pronto para se comprometer

Vamos começar com uma das ofensas idiotas que os homens e os sapos cometem o tempo todo. Você lhe dá o prazer da sua companhia (mais incontáveis horas de tempo de preparação) e em troca ele não está disposto a se comprometer com nada. Mencione uma saída romântica, uma política de encontros constantes e exclusivos, um relacionamento de longo prazo, casamento ... e ele foge correndo!

O Que Você Precisa Fazer: A melhor defesa é um bom ataque, o que significa que você nunca deve desistir de fazê-lo se comprometer. Lembre-se: Nunca deixe de ser ofensiva.

2. Ele quer o seu espaço pessoal

Quando usado pelos homens, isto significa que ele quer continuar vendo outras mulheres. (Quando usado pelas mulheres, significa que ela conheceu alguém mais fofo. Portanto, dê o fora, cara. No caso dela, uma solicitação perfeitamente razoável.)

O Que Você Precisa Fazer: Nunca dê o fora. Use seu espaço pessoal para armazenagem. Sempre precisamos de armários extras.

3. Ele está focado demais na sua carreira

Ele diz que está fazendo isso para "você" e, portanto, pode enchê-la de presentes e torná-la orgulhosa das realizações dele.

O Que Você Precisa Fazer: Aceite os presentes, mas coloque alguém para segui-lo. Acho que ele passa tempo demais com a secretária. (*Ei, pare de se animar e continue digitando -MP*).

4. Ele faz más escolhas

Se não escolheu você, essa é uma *má* escolha.

O Que Você Precisa Fazer: Elimine as opções dele. De agora em diante, você decide.

5. Ele não escuta

Você fala, fala, fala, e ele grunhe "hum hum".

O Que Você Precisa Fazer: Use isto a seu favor. Quando ele concordar com qualquer coisa que você estiver dizendo, faça-o assinar os papéis. Bingo! O que é dele é seu!

6. Ele não se comunica

Ou ele lhe dá o tratamento do silêncio ou fala sem parar sobre coisas nas quais você não está interessada.

O Que Você Precisa Fazer: Continue a ignorá-lo. Quem realmente se importa com as queixas dele, *n'est pas?*

7. Ele é pegajoso demais

Está o tempo todo grudado em você.

O Que Você Precisa Fazer: Pessoalmente, não considero este um grande problema, mas se ele está realmente a deixando nervosa, atire nele um prato de doces (que você já esvaziou, *n'est pas?*). Isso vai lhe proporcionar algumas horas agradáveis, livre do "grudento".

8. Ele não a abraça, não é carinhoso, não lhe diz palavras ternas ... etc.

Alguns homens e sapos têm problemas de intimidade física que lhes dificulta demonstrar afeição.

O Que Você Precisa Fazer: Ajude-o a trabalhar essas questões, mas não explorando razões psicológicas muito profundas do motivo desse ressentimento; prenda-o aplicando-lhe uma "gravata".

9. Ele é uma pessoa caseira

Alguns homens e sapos preferem ficar em casa quando poderiam sair com *vous*, alegrando-se no redemoinho social e brincando de esconde-esconde com os *paparazzi*. Este comportamento masculino não é apenas idiota; é um completo desperdício do vestido novo que você acabou de comprar.

O Que Você Precisa Fazer: Dê um fim no controle-remoto; nenhum homem consegue ficar sentado em casa sem esse aparelhinho na mão. Ele vai acompanhá-la a qualquer lugar.

10. Ele é um "galinha"

Quando você quer ficar em casa aninhada em seus braços e bancando a pombinha, ele quer sair para a gandaia.

O Que Você Precisa Fazer: Troque-o por um "caseiro". Ou conviva com isso e aproveite a vida!

11. Ele tem um grande ego

É só ele, ele, ele. Está sempre interessado apenas nas vontades dele, nas necessidades dele, nas preocupações dele, nos prejuízos dele, na perda de consciência dele, no coma dele. Um tédio!

O Que Você Precisa Fazer: Se ele tem um grande ego, arranje um maior e faça-o pagar por ele.

12. Ele é passivo demais

Está o tempo todo cedendo às suas necessidades e desejos, em vez de expressar as próprias opiniões. Você tem que tomar todas as decisões!

O Que Você Precisa Fazer: Absolutamente nada!

13. Ele é agressivo demais

Ele faz exigências ... a você. Ele tem opiniões e as expressa ... para você.

O Que Você Precisa Fazer: Ele tem um problema ... em relação a você. Combata fogo com fogo, *chérie*. Literalmente, se necessário.

14. Ele é impulsivo demais

Ele faz coisas sem pensar. Jamais considera as consequências de suas ações. É descuidado com o dinheiro dele.

O Que Você Precisa Fazer: Ajude-o ... especialmente na parte do dinheiro.

15. Ele é cauteloso demais

Ele nunca faz nada sem antes fazer uma análise custo-benefício e considerar o seu impacto de longo prazo sobre o aquecimento global. Como resultado, vive no setor de negócios da Cidade dos Tolos, dentro de um fosso, atrás de uma parede, com uma resposta pronta 24 horas. Que sono!

O Que Você Precisa Fazer: O que você está fazendo com este "babaca"? E como você atravessa a parede e passa pelos guardas? Jogue a cautela no espaço ... e ele no fosso.

16. Ele tenta "consertar" as coisas

Não estou falando aqui de consertos domésticos, estou falando da falta de empatia e bom-senso desse cara. Enquanto você quer que ele demonstre empatia com sua ladainha de queixas, reclamações, crises e problemas pessoais, tudo o que ele quer é *consertar* as coisas oferecendo-lhe soluções tolas que resolverão suas aflições. Besteira! O que ele está pensando?

O Que Você Precisa Fazer: Conserte o cara, mas bem consertado.

17. Ele não tenta "consertar" as coisas

Agora estou falando dos consertos domésticos.

O Que Você Precisa Fazer: Telefone para Ty Pennington, de *Extreme Makeover: Home Edition*. Ele é ótimo com um martelo ... e também bonito.

18. Ele é "macho" demais

Alguns homens insistem em ser arrogantes, afirmar sua masculinidade como se ela fosse algum tipo de bandeira a ser agitada sobre você, a conquista dele.

O Que Você Precisa Fazer: Nada desvaloriza mais um ~~homem~~ sapo excessivamente "macho" do que fazê-lo segurar a sua bolsa. Treinem isso, garotas.

19. Ele é um bobo

Um covarde que tem medo da própria sombra, e da sua. Onde estão os homens arrogantes, assertivos e masculinos quando você precisa deles?

O Que Você Precisa Fazer: Bem, é isso que você consegue por fazê-lo segurar a sua bolsa.

20. Ele é obsessivo com o *status*

Tudo tem que ser "de marca": o carro luxuoso, o relógio de platina, o local de férias em Gstaad, as roupas espalhafatosas.

O Que Você Precisa Fazer: Por favor, dê a *moi* o telefone dele!

21. Ele assiste a canais de esporte o tempo todo

O único momento em que ele para de mudar o canal da TV é quando há ainda mais um evento esportivo ridículo em que estão competindo pelo mais moderno campeonato mundial interplanetário pela enésima vez.

O Que Você Precisa Fazer: Aprenda sobre esportes. Por exemplo, você sabia que em alguns times há jogadores chamados de "centroavantes"? Isto vale uma exploração mais profunda, *non?*

22. Ele tem mau gênio

Qualquer deslize percebido o tira do sério. Ele grita, berra e tem um ataque que beira a loucura.

O Que Você Precisa Fazer: Deixe claro que a conduta dele é inaceitável e que você já comprou os direitos deste tipo de comportamento!

23. Ele é reservado

Enquanto você compartilha com ele todos os seus sentimentos, pensamentos e conselhos, ele mantém uma parte dele oculta. Na verdade, você tem que bisbilhotar seus papéis, registros telefônicos e arquivos do computador para descobrir o ele "real".

O Que Você Precisa Fazer: Não sei quanto a você, mas *moi* adoro vasculhar os segredos. Eu não mudaria nada. Se isso realmente a incomoda, tente o soro da verdade.

24. Ele é sempre ciumento

Seu ~~homem~~ sapo não gosta quando você flerta com aquele cara que parece o Brad Pitt. (Ou é o Jude Law? Ora, quem se importa. Eu jamais poria pra escanteio nenhum dos dois.)

O Que Você Precisa Fazer: Vá em frente e flerte. Seu namorado vai ficar com ciúmes de qualquer maneira, portanto, você deve se divertir. E se ele, de repente, não ficar com ciúmes, então chegou o momento de *você* ficar ciumenta ... e desconfiada.

25. Ele é codependente

A codependência era a última moda alguns anos atrás. Os homens que são codependentes querem que você faça tudo o que eles fazem parecer certo.

O Que Você Precisa Fazer: Se houver benefícios (por exemplo, joias, viagens, festas etc.), seja conivente. Do contrário, diga-lhe para iniciar um programa dos 12 passos e se certifique de que o seu primeiro passo seja porta a fora.

26. Ele é um narcisista

Este cara pode, em geral, ser encontrado na academia definindo seus tríceps, bíceps, bicúspides, você indique o que quiser. E quando não está puxando ferro, está se exibindo diante do espelho – se depilando, fazendo condicionamento físico, hidratando a pele ... enfim, invadindo o seu espaço de cuidado pessoal.

O Que Você Precisa Fazer: Pergunte-se se ele é tão maravilhoso que valha isso. Se for, arranje mais espelhos. Se não, descarte-o ... mas de todo modo arranje mais espelhos. Afinal, o narcisismo não é uma coisa ruim quando se trata de *vous.*

27. Ele carece de uma bússola moral

É triste dizer, mas muitos homens são simplesmente incapazes de distinguir o certo do errado.

O Que Você Precisa Fazer: Seja persistente e lembre-lhe: "Se *moi* digo uma coisa, está certo; se *vous* diz, está errado".

28. Ele não pede informações sobre o caminho a tomar

Outro problema que parece epidêmico entre os homens, sejam eles anfíbios ou não.

O Que Você Precisa Fazer: Diga-lhe aonde ir.

29. Ele é obcecado por aparelhos

Se há uma tela, uma bateria, algo que faça ruído, e é o *último lançamento* em eletrônica, ele sairá imediatamente para comprá-lo, mesmo que na verdade não o queira, não necessite dele ou não saiba o que ele faz.

O Que Você Precisa Fazer: Deixe que ele tenha seus brinquedinhos, mas para cada um que ele comprar, também compre um. Se ele comprar outro PDA ou GPS, compre imediatamente outro vestido de grife, alguns artigos de luxo e outras coisinhas maravilhosas para completar.

30. Ele é rancoroso

Ele é o tipo de sujeito que não perdoa um minúsculo passo em falso, um erro infantil, uma pequena gafe ou, em raras ocasiões, um erro absolutamente colossal. Isso é falta de consideração e, ouso dizer, imperdoável.

O Que Você Precisa Fazer: Seja infinitamente paciente. Ele vai cometer um erro e você estará pronta para atacar.

31. Ele não aceita sugestões

Tantos relacionamentos são mantidos saudáveis por pequenas dicas que nós, mulheres, damos aos nossos homens e/ou sapos. Sugestões como: "Compre-me isso" ou "Diga 'eu aceito'". Mas a maioria dos homens é *très* lenta para entender e não consegue enxergar que estávamos pensando no que era melhor para eles.

O Que Você Precisa Fazer: Esqueça sua sutileza. É hora da grande tacada.

32. Ele mente!

Sei que esta é uma coisa terrível de admitir, mas todas nós sabemos que alguns homens mentem. (Ou seria "algumas de nós sabem que todos os homens mentem"?) Seja como for, os homens sempre vão dizer terríveis inverdades apenas para evitar enfrentar a nossa ira.

O Que Você Precisa Fazer: De um modo ou de outro, eles vão enfrentar a nossa ira. Podem também lhe dizer a verdadeira razão de a merecerem.

33. Ele sempre tem que estar certo

Alguns homens insistem em "estar certos" mesmo quando obviamente não estão. Isto não é apenas irritante, é errado!

O Que Você Precisa Fazer: Trate seu relacionamento como um programa de televisão. Conte-lhe que os juízes dizem "desculpe, mas você está errado", e se ele ainda insistir em "estar certo", dê-lhe um belo prêmio de consolação e chame o próximo candidato.

34. Ele não entra em contato com as próprias emoções

Tantos homens não conseguem chorar. Eles reprimem suas emoções e as guardam dentro de si.

O Que Você Precisa Fazer: Como suas mães costumavam dizer – "Vou lhe dar um motivo para chorar." Dê-lhe uma razão para chorar. Tenho certeza de que você consegue pensar em algo.

35. Ele transforma tudo em uma negociação

Com este tipo de homem, tudo (por exemplo, o que tem para o jantar, onde passar as férias, quem compra a casa) deve ser debatido, destacado e acaloradamente discutido.

O Que Você Precisa Fazer: Telefone para o meu agente, Bernie. Ele vai lhe dar coisas que você nem sabia que queria.

36. Ele a acusa de importuná-lo

Nada magoa mais uma mulher do que quando um homem lhe diz que ela o importuna. Isto é especialmente terrível quando é óbvio que ela nunca o importuna, e se o fizesse seria para o próprio bem dele, ou seja, se ele pelo menos ouvisse, o que nunca acontece, então por que devemos nos incomodar?

O Que Você Precisa Fazer: Seja você mesma. As percepções dele são problema dele.

37. Ele tem complexo de "Peter Pan"

Não, não estou falando daquelas camisas de gola redonda, que ainda acho que ficam fabulosas se usadas com um suéter de *cashmere* e o conjunto certo de pérolas. Estou falando sobre os ~~homens~~ sapos que se recusam a crescer e querem agir para sempre como garotinhos.

O Que Você Precisa Fazer: Pense em uma coisa maravilhosa, qualquer pequeno pensamento feliz. Pense no Natal, pense na neve, pense nos sinos do trenó ... e depois lhe diga: "Cresça, cara", ou ele com certeza sairá voando.

38. Ele é evasivo

Ele não responde as perguntas nem reage a aberturas amigáveis. Droga, ele não é cooperativo nem diante do júri que você foi obrigada a convocar. Sempre cita "alguma crise" que o impede de responder indagações inocentes como: "Quando vamos nos casar, cara?"

O Que Você Precisa Fazer: Aproxime seu rosto do dele. Esta não é somente uma técnica eficiente para a interrogação, mas também é ótima para beijar.

39. Ele vai a lugares que você detesta

Para *vous*, Paris atrai, a Riviera chama o seu nome e Beverly Hills tem seu número na discagem rápida. Para ele é algum lugar horrível como, oh, não sei, digamos ... o *pântano*!? É infestado de cobras, cheio de ratos e coberto de sujeira. Eca! Doçura, se eu quisesse isso, ficava em Hollywood.

O Que Você Precisa Fazer: Ainda estou pesquisando o custo de drenar o pântano; vou ter que voltar a lhe falar sobre isto.

40. Ele é um desafio para a moda

Basta uma palavra: verde. É tudo o que ele veste. Formal, informal, casual, casual chique, urbano chique, suburbano chique, suburbano casual informal chique ... Não importa a ocasião, é *sempre* o mesmo traje verde!

O Que Você Precisa Fazer: Olhe para o lado bom – se ele é naturalmente verde, isto em essência significa que ele não está vestindo nada!

41. Ele tem amigos "babacas"

Claro, ele adorava sair por aí acompanhado de esquisitões de nariz azul que namoram galinhas, ursos que contam piadas sem graça, ficava de conluio com camarões e vários outros bichos *antes* de conhecer você. Mas ele conheceu *vous* e ainda continuam por perto ... e *nunca vão embora*!

O Que Você Precisa Fazer: Pode me bater. Eu tentei de tudo. Se você tiver alguma ideia, conte-me logo!

42. Ele é um sapo que não entende como é afortunado por ter *moi*, e deveria estar contente por eu suportar seus ...

... Chega! Não vou digitar mais nada disso. Desisto! – Caco, o Sapo

MISS PIGGY

Querida Leitora,

Como eu poderia saber que o editor iria contratar o Caco para digitar meu livro? Ele está furioso com tudo o que já escrevi. Não devia estar. Afinal, não mencionei seu nome. (Meu advogado disse que isso era "inaceitável".) Mas, ei, sapo, se a carapuça lhe serve, bem ... você sabe o resto.

É verdade que Moi lhe prometi "10.000 Coisas Idiotas que os ~~Homens~~ Sapos Fazem". E vou lhe dizer. No entanto, como não tenho a intenção de digitar este material, há duas coisas que você pode fazer:

Vá ao site www.Muppets.com e procure o resto da lista. Não está lá, mas eu ganho um centavo por cada um que encaminho ao site. Portanto, visite-o, por favor. Ou você pode ...

Ser diligente e criar a sua própria lista de outras 9.958 coisas idiotas com o Modelo de Lista Idiota que se segue.

Modelo de Lista Idiota

Ele

(Descreva Aqui o Comportamento Idiota).

Primeiro ele

(Liste os Incômodos Aqui, em Ordem de Fúria Crescente),

depois ele

(Queixas Secundárias Aqui),

e como se não bastasse ele

(Reclamações Terciárias, Quaternárias Aqui).

O Que Você Precisa Fazer: Eu sempre

(Ameaças e Consequências Aqui).

Fabulosamente simples, não? Quando você completar sua lista, estará pronta para se deleitar com meus insights que transformam a vida. Absorva a minha sabedoria de celebridade e entre em contato com a sua Diva interior!

Não se limite a se sentar e ler ... Ou, melhor ainda, deixe alguns caras maravilhosos lerem para você enquanto a alimentam com chocolates. Isso é felicidade!

Beijos, beijos,
Miss Piggy

1

Desperte a Diva que Há Dentro de Você

Tudo o que Você Sempre Quis Saber Sobre Ser Uma Diva ...

Mas Era Importante Demais para Perguntar

O Que Toda Diva Precisa Saber ...

Quando as coisas estão difíceis de levar, *vous* está obviamente no lugar errado.

O Que Toda Diva Precisa Saber ...

Se de início você não tiver êxito, queixe-se bem alto até que a aplaudam.

O Que Toda Diva Precisa Saber ...

Qualquer coisa que mereça ser feita
merece que alguém a faça para você.

O Que Toda Diva Precisa Saber ...

Nunca deixe para amanhã
o que pode comprar hoje.

O Que a Diva Deve Fazer ...

Seja sempre generosa
... com você mesma.

Seja sempre graciosa.
Você nunca sabe quem vai casar com
o dinheiro.

Sempre perdoe e esqueça.
(Exceto em casos em que a total e completa aniquilação do seu adversário seja a única opção lógica, o que acontece mais frequentemente do que você pode imaginar.)

Seja sempre 100% sincera.
Não realmente, eu quero dizer ... Honestamente.
Moi seria capaz de mentir para *vous?*

O Que a Diva Não Deve Fazer ...

Nunca viaje de ônibus. Nunca voe na
classe econômica.
E, acima de tudo, nunca viaje com o Gonzo.

Nunca faça um infomercial,
a menos que ele seja lançado na praia em
Mauí, onde está sendo filmado.

Nunca diga "não" a uma instituição beneficente,
especialmente se for para uma boa causa,
e, mais especialmente, se você conseguir
comprar um vestido novo
e se sentar ao lado do George Clooney.

Nunca use sua posição de poder para
prejudicar os outros,
a menos que eles obviamente o mereçam.

Nunca guarde rancor.
Vingue-se.

Nunca, *jamais*, toque no meu sapo.

O Que Faz uma Diva ...

Ser uma diva *não* diz respeito ao seu dinheiro,
aparência, *status* e acessórios fabulosos.
Diz respeito ao seu compromisso pessoal
com a excelência
e
ao seu dinheiro, aparência, *status* e
acessórios fabulosos.

O Que Mais Faz uma Diva ...

Ser uma diva *não* diz respeito
a falas bombásticas e ofegantes, a
ataques de raiva exagerados,
e a exigências ultrajantes.
(... Oh, espere. Diz, sim.)

Palavras da Diva Com as Quais Se Deve Viver de Acordo ...

As melhores coisas na vida são gratuitas
... se você as obtiver de brinde.

Se você não conseguir suportar o calor
... ligue o ar-condicionado.

As responsabilidades terminam aqui.

Você pode conduzir um cavalo até a água,
mas por que quereria fazê-lo?

Se você consegue sonhar com ele,
pode se casar com ele.

Moi vou comer bolo!

Fama vs. Obscuridade
A fama vence.

Lidando com os Paparazzi

Eles podem fazê-la parecer feia, portanto,
faça-os parecerem bons.

Se eles começarem a ficar agressivos e
muito perto de você,
simplesmente grite "amadores" e lhes mostre
como fazem os profissionais.

Seja amigável. Ofereça-lhes lanches.
Mande-lhes cartões de Natal.
Descubra onde moram e, então,
comece a persegui-los sem descanso,
e veja se eles gostam.

Se você realmente está com pressa,
aprenda a correr para trás sorrindo.

Nunca seja rude.
É para isso que servem os agentes.

Você consegue dizer:
"Ooooooo láaaaaaaaaaa!!!"

Tornando-se uma Diva

Seja você mesma.

Acredite em você.

Arranje um séquito.

Faça o seu séquito acreditar em você.

Arranje um agente.

Pague o seu agente para acreditar em você.

Faça o seu agente descobrir como conseguir que as outras pessoas acreditem em você sem ter de lhes pagar para isso.

Comece tudo de novo.

Quando uma Diva Encontra uma Diva ...

Beije o ar. Essa não é apenas uma boa ideia.
É a lei.

Se você não sabe quem ela é, simplesmente
se lembre:
o primeiro nome de todo mundo é "Querida!"

Ei, se ela se aproximar muito de você,
ela deve ser alguém.

Sempre se certifique de que esta pessoa *não* é a
pessoa sobre a qual
você estava fofocando antes de começar a
fofocar sobre alguém que não está aqui.
(Uau! Que vergonha.)

Em caso de emergência,
saia correndo.

Celebridade, Realeza e Diva

Uma diva está em algum lugar entre
uma celebridade e um membro da realeza.
Se essa diva for *moi*,
ela está *bem* no meio, sorrindo para a câmera.

Diva Jantando Fora

Você é onde você come.

Ética de Trabalho da Diva

Aqueles que podem, fazem.
Aqueles que podem ter algo mais
são o meu tipo de pessoa.

O Jeito da Diva

Cerque-se
de pessoas que querem ser *vous.*

Entre em contato com sua diva interior,
mesmo que isto signifique deixar uma mensagem
com seus criados.

Abrace o escândalo.
O constrangimento é um preço pequeno para a
publicidade.

Faça uma entrada triunfal.
(Se não for triunfal, não é entrada.)

Não se limite a contar suas bênçãos,
faça regularmente a sua auditoria.

Exija tanto de si
quanto você exige dos outros.
Nãaao!!

2

Uma Porca na Cidade

O Ar Apaixonado de uma Garota Solteira Especial

Encontrando o Amor

O amor aparece onde você menos espera.
Portanto, olhe lá primeiro.

O que é o Amor?

Amor é um sentimento especial entre duas pessoas.
(Entre uma porca e um sapo é *Uaaaauuu!*)

O que é a Luxúria?

Luxúria é amor sem burocracia.

Qual é a Diferença Entre Amor e Luxúria?

Cerca de três jantares caros
e algumas joias enormes.

Como Saber se Ele Está a Fim de Você

Ele não consegue tirar os olhos de você,
mesmo quando você não está tentando ganhar
o relógio de platina dele no jogo.

Ele sussurra palavras doces no seu ouvido
sem fazê-la colocar de lado o seu iPod.

Ele fala o seu nome com amor ...
ainda que você não tenha a mínima ideia
de quem ele seja.

Ele fica de joelhos, jura amor eterno
e lhe oferece um anel de brilhante.
(Ou assim eu soube.)

Como Saber se Ele NÃO Está a Fim de Você

Ele diz: "NÃO estou a fim de você ...
então, por favor, volte para sua mesa
antes que Angelina chegue aqui".

Quando você sugere que se vejam novamente
e ele coloca uma venda nos olhos.

Ele não consegue tirar os olhos de você
... mas apenas para se certificar de
que você não o está seguindo
enquanto ele foge.

Ele se lembra do seu nome, do seu rosto e
do carro que você estava dirigindo quando
tentou atropelá-lo enquanto ele fugia.

Ele tem uma ordem de restrição contra você
tatuada no peito.

Homens vs. Mulheres

As mulheres vencem.

Antes de Você Sair com Ele, Pergunte a Si Mesma ...

Ele é meu tipo?
(Assinale tudo o que se aplica)

☐ Bonito
☐ Rico
☐ Humano
☐ Anfíbio
☐ Outro

Se ele cancelasse o encontro eu ficaria ...

☐ Devastada
☐ Desapontada
☐ Aliviada
☐ Exultante

Quando este encontro acabar eu estarei ...

☐ Apaixonada
☐ Exasperada
☐ "Acabada"

Antes de Se Casar Com Ele, Pergunte a Si Mesma ...

Quem é esta pessoa?

Não importa que eu passe o resto da
minha vida com ele,
mas será que consigo suportar sua
conversa tediosa?

Como consigo levar este diamante a um
joalheiro para uma avaliação antes de lhe
dizer "sim" ou "não"?

Ver-me sem maquiagem o mataria
... isto seria uma coisa ruim?

Ele é verde e pertence a outra criatura?

As Fases do Encontro

1. Procura do Sr. Certo.

2. Procura do Sr. Certo agora.

3. Procura do Sr. Certo. Mas
isso requer algum trabalho.

4. Procura do Sr. Errado.
Porque você tem certeza de que pode
transformá-lo no Sr. Certo.

5. Certo? Errado? Quem se importa? Fico com ele!

Encontro: Etiqueta ao Telefone

Nunca telefone para ele.

Nunca retorne o telefonema dele.

Nunca o chame de "Seu pateta imbecil."

Nunca atenda no primeiro toque.

Nunca atenda
... depois o analise comparando com todos
os outros rapazes que estão saindo com você.

Etiqueta do Primeiro Encontro

Nunca esteja pronta quando ele chegar ...
mas sempre o alcance antes que ele fuja.

Não fale apenas sobre você mesma.
Deixe que ele também fale sobre você.

Mostre que está interessada no que ele tem
a dizer, ocasionalmente, ouvindo e proferindo
interjeições inteligentes, como:

"Hum hum", "Sim, claro" e "Esta história
tem algum interesse?"

Termine o primeiro encontro cedo.
Lembre-se: Você tem mais dois primeiros encontros
marcados para esta noite.

Resultado Romântico do Primeiro Encontro:
Um beijo no rosto é apropriado.

Etiqueta do Segundo Encontro

Tente descobrir qual deles é ele.

Deixe que ele fale sobre si mesmo.
(Isto pode ajudá-la a descobrir quem ele é.)

Faça uma checagem do extrato bancário
e dos antecedentes dele.

Assista *America's Most Wanted* e se
certifique de que ele não é a história principal.

Consiga o número da senha do cartão de
crédito dele.

Mostre-lhe que você é independente
oferecendo-se para pagar a conta.
(Se ele aceitar esta oferta, pegue a conta,
entregue a ele e vá embora.)

Seja recatada.
A atitude, não a intenção.

Resultado Romântico do Segundo Encontro:
Um beijo e um abraço castos são apropriados.

Etiqueta do Terceiro Encontro

Nesta altura tudo bem que ambos removam
a introdução
"Olá! Meu nome é ..."

Não atenda seu telefone celular durante
o encontro
... a menos, é claro, que seja uma de suas amigas
querendo saber como está indo o encontro.

Sugira irem a algum lugar diferente esta noite.
Como ... oh, digamos ... uma joalheria!

Obrigatórios: um cartório e um acordo pré-nupcial.

Lembre-se: Las Vegas fica aberta a noite toda!

Resultado Romântico do Terceiro Encontro:
A loucura apropriada. Use sua imaginação!

A Arte do Flerte

Pisque bastante.
NÃO o devore com os olhos.

Mostre-lhe o seu sorriso.
NÃO o morda.

Fale sobre você.
NÃO faça uma apresentação com PowerPoint.

Escreva-lhe o número do seu telefone.
NÃO o escreva na testa dele.

Pergunte sobre o passado dele.
NÃO contrate um investigador particular (ainda).

Flerte com outros homens.
NÃO deixe outra mulher se aproximar dele.

Ciúme

Dizem que o ciúme é um monstro
de olhos verdes.
Há uma razão para isto.
E, confie em mim, você não quer conhecê-lo.

Ele Pediu Isso ...

O que Dizer Quando Você se Sente Como se Estivesse Lutando?

Este vestido me faz parecer gorda?

Devo comprar estes sapatos?

Você se importa se assistirmos à competição de skate?

Você se importa se eu dirigir?

O controle remoto? Ah, eu joguei fora.

Tipos de Encontro

ENCONTRO SERIAL
Mais de um encontro por noite.

ENCONTRO RECREATIVO
Sair por esporte, não para ter continuidade.

ENCONTRO MULTITAREFA
Encontro enquanto você está fazendo coisas mais importantes como suas unhas, seus impostos, atualizando o Facebook, cuidando do seu rosto.

ENCONTRO DUPLO
Dois homens. Um restaurante.
(O ideal é que seja um com grandes plantas e grossas colunas – o restaurante, não os homens.)

ENCONTRO PROMOCIONAL
Sair com alguém para divulgar seu novo filme, álbum, *website* ou linha de produtos para o cuidado dos cabelos.

ENCONTRO CARBONO
Sair com alguém *bem mais velho* do que você.

ENCONTRO EQUIVOCADO
Sair e não voltar.

Rompendo ...

Um Guia do Usuário para Cair Fora Depois de Sair com Ele

FÁCIL
Ambos concordam em cada um seguir seu próprio caminho.
O QUE DIZER: "*Até logo e boa sorte!*"

GRACIOSO
Você segue o seu caminho ... e ele lhe dá um caro presente de despedida.
O QUE DIZER: "*Hmm, pensando melhor ...*"

VERGONHOSO
Você segue o seu caminho ... e ele nem percebe que você foi embora.
O QUE DIZER: "*Essa é a última vez que eu saio com um cara morto.*"

SINISTRO
Você segue o seu caminho ... e ele a acompanha.
O QUE DIZER: "*Vá em frente, acabe com o meu dia.*"

VINGATIVO
Você diz que vai embora ... mas fica.
O QUE DIZER: "*Ninguém se livra tão fácil de mim, cara!*"

3

Os ~~Homens~~ Sapos Vêm do Pântano, As Mulheres Vêm do SPA

Por Que Eles Estão Sempre Errados

e Você Está Sempre Certa

Variações sobre um Tema

Os homens se originam de rosquinhas,
as mulheres se originam de carrinhos de folheados.

Os homens se originam de rodeios,
as mulheres se originam de Rodeo Drive.

Os homens são de Marte,
as mulheres são de Godiva.

Por Que as Mulheres Gostam de Chocolates e Sapatos

É óbvio!

Por Que os Homens Gostam de Eletrônicos

Tolos.

Homens: Queixas Comuns do Consumidor

Necessária Alguma Montagem.

Não Segue as Instruções.

Não Vem com Instruções.

Não Requer Instruções.

Pode Não Estar Disponível com as Opções Desejadas.

Obsolescência Embutida.

Inútil Contratar Serviço de Longo Prazo.

Fim de Todas as Vendas.

Homens: O Que Eles Dizem e o Que Querem Dizer

O Que Dizem ...	O Que Querem Dizer ...
"Vamos dançar?"	"Você é bonita o bastante para eu mostrá-la aos meus amigos."
"Você vai fazer alguma coisa no sábado?"	"Ou é uma idiota como eu?"
"Você gostaria de sobremesa?"	"Por favor, diga não! Já gastei 300 reais neste jantar!"
"Posso acompanhá-la até sua casa?"	"Oh, Deus! Oh, Deus!"
"Não, eu não quero subir, mas obrigado por me convidar."	"Tenho de reduzir a velocidade do carro? Ou você já pode saltar agora?"
"Telefono pra você."	"Bwah-hahahahaha!"

Mulheres: O Que Elas Dizem e o Que Querem Dizer

O Que Dizem ...	O Que Querem Dizer ...
"Nunca conheci ninguém como você."	"E espero nunca conhecer outro."
"Você vem sempre aqui?"	"Quero saber se é seguro voltar aqui."
"Dançar com você? Eu adoraria!"	"Contanto que você olhe para o outro lado e conte até dez."
"Não estou saindo com ninguém atualmente."	"Isso inclui você."
"Sair no sábado?"	"De que ano?"
"Subir ao seu apartamento?"	"Só nos seus sonhos, cara!"
"Se eu gostaria de sair de novo?"	"Sim. Imediatamente. Com outra pessoa."
"Oh, você vai telefonar para *moi?*"	"'Bwah-hahahahaha!' para *moi?*"

Definições: Tudo o Que Uma Mulher Precisa Saber Sobre ...

Futebol – Armadores, ponteiros e centroavantes. O que há para não gostar?

Beisebol – A-Rod. Bonito ... e muito rico.

Basquete – Homens de calção de seda ficando suados.

Golfe – Tiger Woods ... e um monte de outros caras.

Definições: Tudo o Que Um Homem Precisa Saber Sobre ...

Sapatos – Mais, sim! Demais, nunca.

Chocolate – Ver "Sapatos".

Joias – Ver "Chocolate".

Compras – Ver "Joias".

Entendendo os Homens

Tudo o que você precisa saber sobre
os homens você aprende no
jardim de infância.

Eles sentem falta da mamãe.
Eles gostam de implicar.
Eles têm ataques.
Eles adoram a hora do lanche.
Eles cutucam o nariz.
E precisam do seu colo.

Entendendo as Mulheres

Tudo o que você precisa saber sobre
as mulheres se aprende nas
prateleiras das lojas.

Elas querem o que querem.
Elas querem imediatamente.
Elas querem o que não podem ter.
Elas querem com sapatos combinando.
Elas não querem até dizer que você comprou.
Elas sabem exatamente o que querem ...
e não é isso.

Fazendo Mudanças

Há Duas Maneiras de Mudar um Homem ...

A MANEIRA DIFÍCIL
... Mudar sua aparência (p. ex., penteado, guarda-roupa etc.)
... Mudar seu comportamento (p. ex., estilo de vida, hábitos etc.)
... Mudar sua conduta (p. ex., atitude, admiração por você etc.)

A MANEIRA FÁCIL
... Trocá-lo.

Por Que As Mulheres São Superiores aos Homens

As mulheres escutam as mulheres.
Os homens não.

As mulheres aprendem com seus erros.
Os homens casam com os deles.

As mulheres têm bebês.
Os homens são bebês.

Moi sou uma mulher.
Fim de jogo. Ganhei!

4

Algumas Gostam de Alta-costura

Vestida com Exagero

Meu Credo da Moda

Se é cara, serve.

O Que Suas Roupas Dizem Sobre Você ...

As roupas são o tapete de boas-vindas
na porta de entrada do romance.
Certifique-se de que suas roupas dizem:
"Entre! Moi *estou esperando* vous!"
E não:
"*Suma!*"

Alguns dos Meus Designers Favoritos

BCBG, DKNY, CK

... e se sobrar algum dinheiro,
compro algumas vogais.

Visando Sua Melhor Aparência ...

Use roupas distintas, elegantes e – se estiver
saindo com um sapo – à prova d'água.

Use roupas que provoquem elogios.
Se isto não for possível, cerque-se
de pessoas que vão elogiá-la,
não importa que roupas esteja vestindo.

Entre em uma banheira de água quente
duas vezes por dia
... de preferência com alguém rico e bonito.

Diamantes são o melhor,
mas em número suficiente, qualquer
pedra preciosa cara não é ruim.

Todo mundo fica melhor quando vestido
de verde. (Tira a mão do sapo, queridinha!)

Meu Insight Sobre Moda. Parte Um

Cognoscenti, fashionistas e paparazzi não são entradas de massa.

Minha Opinião sobre Estilo

Estilo é ser você mesma.
Isto é um sucesso se acontece de você ser *moi*.
Se não, simplesmente espere o melhor.

Estilo é expressar seu eu interior,
captar seu etos pessoal,
e gastar o dinheiro de outra pessoa.

Ser estilosa começa por amar quem você é.
Se você tem dificuldade para amar quem você é,
posso lhe sugerir que ame quem eu sou?

Ser estilosa dá muito trabalho:
você deve constantemente
manter a sua imagem, atualizar sua aparência
e destruir fotos velhas que lhe mostrem
usando *lycra* e penteados armados.

O estilo vem em todas as formas e tamanhos.
Quanto maior você for, mais estilo você tem.

Os Designers e Moi

O mundo da moda olha para *moi* em
busca de inspiração.
Eu olho para o mundo da moda em busca
de amostras grátis.

Fazendo uma Declaração sobre Moda

Eu gosto que minhas roupas façam uma
declaração.
De preferência, gosto que elas digam:
"*Ei, olhem para mim.*
Estou vestindo roupas realmente caras!"

As Modas Mais Irritantes de Hoje

Hip Huggers

Se *moi* quiser meus quadris apertados, chamo o sapo.

Leggings

Elas têm uma aparência fabulosa, mas colocá-las, e tirá-las, em geral requer um guincho, uma roldana e uma visita ao meu quiroprático.

Body Piercing

Moi prefiro espetar os *outros*.

Camisetas justíssimas

Prefiro roupas que respirem
... ou que pelo menos permitam que *moi* respire.

Meu Insight Sobre Moda. Parte Dois

As roupas são como amigos:
Elas devem sempre elogiar
sua aparência.

Vestindo-se para Você

Quando se trata de se vestir, acredito,
antes de tudo, em agradar a mim mesma.
Só então me preocupo em agradar os outros
... mas não como se eles realmente importassem.

Moi acredito em me vestir para mim mesma.
Do contrário, vai ter gente demais no meu closet.

Seja sempre você mesma.
Desta maneira você não vai ter que usar
sempre tudo monogramático.

Como alguém pode se vestir para os outros?
E se todos não usarem o mesmo tamanho?

Moda das Celebridades

Incognito Ergo Sum.
Eu me visto como uma celebridade.
Por isso, preciso ser uma.

Como se Vestir Como se Fosse Rica ...

Gaste um monte de dinheiro.

Como se Vestir Como se Fosse Rica e Inteligente ...

Gaste um monte de dinheiro de outra pessoa.

Como Dizer Se Você É Uma Vítima da Moda ...

Quando você vai a uma galeria de arte e
é frequentemente confundida com uma instalação.

Quando você vai a Las Vegas e
supõe-se que perdeu a aposta.

Quando você entra em uma sala, as pessoas
não apenas engasgam
... máscaras de oxigênio caem do teto.

Quando você vai ao Trunk Show de um designer
e é deixada no baú.

Conjugação da Moda

O seu dinheiro
O dinheiro deles
Armani

5

Remodelação Total: Edição MOI

Beleza, Saúde, Condicionamento Físico e *Vous*

MOI Segredo de Beleza Nº 1

Comece perfeita
... e não mude nada.

MOI Receita para o Sucesso

Se você é o que você come,
... então coma o que você adora
e sempre vai adorar a si mesma!

Mais Alguns de N.O.I Segredos de Beleza

Mantenha sua aparência como mantenho a minha:
em jarras na sua penteadeira.

Acentue seus melhores traços
chamando a atenção para eles.

Esconda suas falhas
dando um soco em qualquer um que as mencione.

Lipoaspiração e chocolate.
Não nessa ordem.

Ande com suas amigas excêntricas.
Você vai parecer fabulosa em comparação a elas.

MOI sobre Chocolate ... e Vice-Versa

Pense em chocolate
como um acessório
para seus quadris.

Mais sobre Chocolate

Eu gosto do meu chocolate
como gosto dos meus homens:
tão rico que você quer se casar com ele.

MOI Sobre Dieta

Nunca coma nada que você não possa levantar. Sorte a minha, que posso levantar facilmente um carrinho de folheados.

MOI Dieta Favorita ...

A Rica Dieta Alimentar de Miss Piggy
Não importa o alimento que você coma, contanto que alguém rico pague por ele.

MOI sobre Cirurgia Cosmética

Moi nunca fiz uma pequena intervenção.
Uma enorme intervenção, é claro ... mas nunca
uma pequena.

Na verdade, se *moi* fizer mais alguma intervenção,
eles podem ter que unificar o meu rosto.

Quando discuto a cirurgia cosmética
moi prefiro o termo "aprimorado".
Neste momento, você está olhando para
"Miss Piggy: Versão 17.8."

Você sabe que fez plásticas demais,
quando sua cara está tão esticada
que lhe perguntam se você é japonesa.

Qual é o objetivo de se olhar no espelho
se você não consegue se surpreender?

Ficando em Forma Sem Ter de Fazer Condicionamento Físico

Contrate *personal trainers*
e deixe que eles trabalhem por você.
Afinal, eles estão sendo pagos; você, não.

Arranje um *hobby* fisicamente desafiador,
como escalada, caminhada acelerada ou
fazer compras no shopping de ofertas.

Compre um aparelho de condicionamento
físico para colocar em seu quarto. Após cerca
de duas semanas, tenha um trabalho insano
para procurar por ele debaixo de todas
aquelas roupas sujas.

Estabeleça um regime de exercícios diários.
Olhe diariamente para ele.

Ocupe-se de todos os principais grupos
musculares, especialmente daqueles lindos
que estão perambulando pela academia.

Se tudo o mais falhar:
coloque seus espelhos na caixa de
correspondência.

A Importância da Saúde

Moi acredito que nada é mais importante do que a sua saúde.*

*Exceto, é claro, fama, riqueza, publicidade, falar sobre a importância das celebridades, pedir joias emprestadas para os shows de entregas de prêmios, sacolas de grife, ser dona da sua imagem, toda a renda da bilheteria e o Caco.

Moi sobre o Envelhecimento

Como uma garrafa de vinho,
a aparência de uma mulher melhora com a idade.
Hmm, pense nisso, a aparência de uma mulher
também melhora com uma garrafa de vinho.

Envelhecer é Fácil

Moi não me importo em envelhecer,
só não vejo a necessidade disso.

6

MOI Rica, MOI Famosa

O que os Ricos e Famosos Sabem Sobre Dinheiro e Carreiras

Que os "Duros" e os Desconhecidos Não Sabem!

Dica de Carreira Nº 1: Ambição

É a ambição que nos move.
O casamento rico é que
aciona o motor.

Dica de Carreira Nº 2: O Teto de Vidro

A única coisa mais difícil do que quebrar o teto de vidro é encontrar alguém para varrer os cacos.

Dica de Carreira Nº 3: Emprego vs. Carreira

As pessoas que trabalham para viver têm um "emprego".
As pessoas que vivem para trabalhar têm uma "carreira".
As pessoas que têm pessoas para fazer todo o trabalho para elas já conseguiram isso.

Princípio de Economia

Ter dinheiro não é importante.
Gastar dinheiro é.

Satisfação Garantida

O trabalho bem-feito é sua própria recompensa
... pelo menos é o que eu digo à minha equipe.

Escolhendo uma Carreira

1. Decida o que gosta de fazer.
2. Consiga ser paga por isso.

O Que Fazer e Não Fazer na Busca de um Emprego

Campanhas Bem-Sucedidas de Busca de Emprego para Moi ...

Miss Piggy
Ela Conquistou Você na Marra!!!

Miss Piggy
Porque Todo Outro é Apenas Algum Outro

Miss Piggy
Agora com Mais Moi!

Miss Piggy
... Obviamente.

A Regra Nº 1 do Emprego

Nunca, jamais, sob qualquer circunstância que seja, fique romanticamente envolvida com alguém com quem você trabalha.*

* *NÃO se aplica a porcos e sapos.*

Ser uma Boa Chefe

Trate os outros da maneira que eles
são contratualmente obrigados a tratá-la.

O Segredo para Não Ser Despedida

Não faça nada errado
Não faça nada.

O Enigma da Fama

Se uma celebridade se envolve num escândalo,
e não consegue cobertura da imprensa,
ela ainda é uma celebridade?

Como Ficar Famosa

1. FAÇA ALGO IMPORTANTE.
   (Alterne: *Case-se, se encontre ou simplesmente esteja na mesma foto com alguém famoso; ou faça algo tolo e imaturo; ou diga algo ultrajante; ou use algo ultrajante; ou fique ultrajada por algo que alguém disse ou vestiu etc.*)

2. CONTRATE UM RELAÇÕES-PÚBLICAS.

Teste se Você É uma Celebridade

Você Tem o que É Preciso para Ser uma Celebridade?

1. Você está pronta para fazer qualquer sacrifício para atingir o seu objetivo; se está, quem exatamente está disposta a sacrificar?

2. Você está disposta a dedicar sua vida a conseguir a aprovação de pessoas que não conhece, que parecem não ter nada melhor a fazer do que imaginar se *vous* e o Sabor de Celebridade da Semana são realmente algo importante?

3. Você é alérgica aos paparazzi?

4. Quando outra celebridade se envolve em um escândalo você fica: (A) penalizada, (B) aliviada, (C) encantada, (D) ciumenta ou (E) todas as alternativas anteriores.

5. Se você fosse uma árvore, que tipo de árvore seria?

6. Se *vous* – uma estrela de primeira linha – fosse acidentalmente apresentada a uma estrela de segunda linha: (A) seria graciosa e educada, (B) se desculparia e chamaria a segurança, (D) fingiria ser invisível, (D) fingiria estar em coma ou (E) todas as alternativas acima.

7. Oprah conhece você?

8. *Moi* conheço você?

9. Se você respondeu a Pergunta 5, por quê?

10. Você pediu a um assistente para responder isso por *vous?* (Oh, maravilhoso! Você está no caminho certo para se tornar uma celebridade!)

O que Significa Ser Famosa para MOI...

A alegria de ser conhecida por uma única sílaba: *Moi!*

Entrar em lugares aonde ninguém consegue entrar.

Ser a razão de ninguém poder entrar nesses lugares.

Ser reconhecida pelos fãs de *moi.*

Ter guarda-costas para afastar os fãs que reconhecem *moi.*

Encontrar meus colegas famosos
... e perceber que estão abaixo de *moi.*

Encontrar meus colegas famosos
... e descobrir que estão desejando meu autógrafo.

Caco.
Claro, ele me amaria mesmo que eu não fosse famosa.
Mas eu sou, bolas!

Sobre a Fama, a Fortuna e Anfíbios

A fama e a fortuna são fabulosas.
E *moi* recomendo especialmente ambos.
Mas o que realmente importa para *moi* é o amor.
Porque sem amor, a glória e a riqueza não significam nada.
... Bem, OK, não *nada* ...
Quero dizer, elas são em si ótimas.
Na verdade, são fantásticas!
Além disso, ser uma celebridade significa que *moi* posso ter tudo!
Fama, fortuna ... e o sapo!
Oh, às vezes eu simplesmente *adoro* ser *moi*!

7

O Poder de Piggy

Buscando Seu Eu Interior;
Exibindo seu *Moi* Exterior

Sobre Autoajuda

Moi acredito piamente na autoajuda.
Onde quer que eu esteja, eu me ajudo
em tudo o que eu possa.

Caminho para a Felicidade

Abra-se. Olhe dentro de você.
Deixe sua luz interior brilhar.
Se nada parece novo ou convidativo,
peça pelo *delivery*.

Aprendendo a Se Amar

Ame a si mesma como você é.
Se isto falhar, posso sugerir
roubo de identidade?

Abrace a Mudança

Mudar é bom,
especialmente se envolve muitos acessórios.

Mudando os Outros

Vous não pode obrigar os outros a mudar.
No entanto, *vous* pode torná-los
extremamente desconfortáveis
até eles passarem a pensar igual a você.

Assumindo o Controle da Sua Vida

Autodisciplina:

Se você conseguir terceirizar isto,
tudo o mais é fácil.

Assumindo o Controle da Vida dos Outros

Sempre se pergunte:

Quem sou eu para dizer como os
outros devem viver suas vidas?
Depois vá em frente e assuma o controle.

Transformando a Si Mesma: Programa dos 12 Passos

1. Admita a sua necessidade de mudar.

2. Decida o que quer mudar.

3. Realize um inventário pessoal.

4. Descubra que você não tem nada.

5. Faça uma lista de todos aqueles que podem ajudá-la.

6. Recorra a todos da sua lista.

7. Busque o conselho e a disponibilidade deles.

8. Aceite a melhor oferta.

9. Assuma a responsabilidade por decidir aonde ir e o que fazer.

10. Participe ativamente da sua transformação.

11. Contemple sua realização durante o almoço.

12. Admita que você quer mudar outra vez.

13. Comece tudo de novo.

Transformando a Si Mesma: Programa de 3 passos (Versão para Micro-ondas)

1. Admita a sua necessidade de mudar.
2. Decida o que quer se tornar.
3. Compre-o.

Autodescoberta

É claro que *moi* estou em contato com a minha criança interior.
O que posso fazer se a criança gosta de ter ataques?

Cresça e Aprenda

Vous Pode Ter Problemas Se ...

... A única maneira de conseguir entrar em contato com seus sentimentos pessoais é via BlackBerry.

... Coisas ruins acontecem com pessoas boas, e você não consegue se lembrar para que lado vai torcer.

... Você tem uma doença que tem o seu nome.

... Há uma mosca na sua "Sopa de Galinha para a Alma".

... Dr. Phil ergue suas mãos e diz, "Você é maluca!"

8

Ter e Ter Mais

Agradecimentos, Bis e Despedidas

Moi sobre Prêmios

Moi acredito que
Hollywood dá prêmios demais
... a outras pessoas.

Para a Sua Consideração (em Todas as categorias): MOI!

Por que *moi* não ganhou um Oscar?

Oh, tenho certeza de que há muitas razões. A Academia pode ser muito volúvel, e depois há profissionais ciumentos graças aos meus dotes artísticos superiores; e há um inveja geral porque *moi* sou bonita de um jeito natural e elegante. Depois, há toda a questão do Caco; tantas atrizes gostariam que ele fosse delas. (Perdão, querida, você pode ter aquele carinha lindo, mas o verdinho é meu.) E, finalmente, embora eu odeie mencionar isso, há a questão das espécies. Já percebeu como pessoas parecem ganhar prêmios todos os anos? Hmm?

Nunca um porco nem um sapo?

(OK, às vezes um rato ganha, mas o que você espera? Isso é Hollywood.)

Isto é coincidência? Bah! Parece mais uma conspiração! Mas, como é assim, não penso muito no assunto. Está fora do controle de *moi*... pelo menos por enquanto.

MOI sobre Receber um Prêmio pelo Conjunto da Obra

Oh, *moi* ficaria honrada em aceitar um prêmio desse. Mas não acho que seja justo para com a Academia. O Prêmio pelo Conjunto da Obra sempre parece um prêmio que eles dão porque se sentem mal por não lhe terem dado um prêmio real antes. Por que se sentir mal mais tarde, doçura? Dê-me a *coisa real* agora e todos ficaremos felizes, *n'est pas*?

MOI sobre Superar o Medo

Eu já tive medo?
É claro!
Todos devem superar o medo.
Eu costumava ter medo de errar ou parecer tola.
Agora não tenho mais.
... Medo, quero dizer.
Ou errar.
Ou ser tola.
... Próxima pergunta!

MOI sobre "O Relacionamento"

O meu relacionamento com o Caco está
mais forte do que nunca:
Moi o amo.
Ele ama *moi.*
E *moi* ama *moi.*

MOI sobre Romance de Hollywood

Caco e *moi* nos tornamos o casal entre espécies que está mais tempo junto no *show business.*
E, em Hollywood, a competição nessa categoria é mais intensa do que *vous* possa imaginar.

MOI sobre "A Questão do Casamento"

Caco e *moi* somos casados em nossos corações.
Eu ainda estou trabalhando no resto dele.

Sobre Dificuldades Técnicas

Tecnicamente falando, Caco e *moi* não somos propriamente *casados.*
Mas em termos espirituais, psíquicos, financeiros, chame como quiser ...
... o sapo e a porca estão unidos.

Sobre Projetos Futuros

Eu lhe prometo isto: O próximo projeto de *moi* vai ser maior que o *Titanic*! O filme ... não o navio.

Sobre Quase Erros

A maioria das pessoas não entende que *moi* fiquei pertinho de ganhar o Prêmio Nobel. Quem poderia ter imaginado que o aquecimento global bateria os acessórios criativos como a polêmica quente do momento?

Sobre Ter Algum Arrependimento

Moi não me arrependo de nada. Em vez disso, tenho agentes, advogados e editores de filmes muito competentes.

Sobre Palavras Finais

Palavras finais? Isso é fácil: "*Sai fora, cara! Eu ainda vou dar dois bis e fazer um agradecimento!*"

Por Que o Caco é Importante

O Caco torna *moi* possível.
O impossível eu mesma posso fazer.

Este livro foi composto em Rotis Sans Serif
corpo 12/15 para Texto Editores Ltda.
em outubro de 2011.